I0152323

DISCOURS

SUR LA GUERRE,

CONSIDÉRÉE

DANS SES RAPPORTS GÉNÉRAUX AVEC LA CIVILISATION,

ET

DANS LES RELATIONS QUI EXISTENT ENTRE LA FRANCE ET L'ESPAGNE;

PRONONCÉ après le Chant du *Te-Deum*, ordonné par S. M. I. et R., pour les Victoires remportées par ses troupes en Espagne, ainsi que leur entrée dans la ville de Madrid;

PAR M. PIERRE DEJOUX,

Président du Consistoire de la Loire-Inférieure et de la Vendée;

Membre de plusieurs Sociétés savantes et de l'Académie Celtique séant à Paris.

A NANTES, de l'Imprimerie de BRUN fils, vis-à-vis la Bourse, n.° 5.

1809.

ERRATA.

Le Lecteur est prié de corriger, aux endroits indiqués, les erreurs typographiques, qui s'y sont glissées.

Page 14, *ligne dernière*, à l'admiration des siècles, *lisez :* à l'admiration des peuples, ---
page 17, *ligne* 15, aux commerce, *lisez* : au commerce ---
page 26, *ligne* 3, les déstinées, *lisez* les destinées ---
page 30, *ligne* 6, à pour toute la dernière dynastie, *lisez :* et pour toute la dernière dynastie, --
page 35, *ligne* 13, sous Philippe II, *lisez :* sous Philippe III,
page 41, *ligne* 15, et se replonger dans la nuit des Monastères, *lisez* : et se renfoncer dans la nuit des Monastères. ---
page 47, *ligne pénultième*, commece, *lisez :* commerce, ---
page 48, *ligne* 14, Lorsque les jugemens de Dieu, se promènent, *ôtez la virgule.*
page 51, *ligne* 23, et infiniment mois étendus, *lisez :* et infiniment moins étendus ;

HYMNE
DE RECONNAISSANCE.

O Dieu éternel! c'est vous qui m'avez délivré de mes épreuves, et c'est en votre nom que j'ai renversé les remparts que l'on avait élevés contre votre Oint. -- Y a-t-il un autre Dieu que le Seigneur, le Dieu des Armées? et qui est mon rocher et ma forteresse, sinon l'Eternel? --- C'est lui qui a ceint mes reins de force, et qui a applani les sentiers devant moi. --- Il a donné à mes pieds la légèreté des biches, afin que je pusse franchir, avec rapidité, toutes les hauteurs. --- C'est lui qui a dressé mes mains à la bataille, tellement qu'un arc d'airain a été rompu avec mon bras. --- O mon Dieu! votre protection a été le bouclier de ma vie, et votre débonnaireté m'a fait devenir fort-grand; -- car vous m'avez armé pour combattre ceux qui me faisaient la guerre, et vous avez mis en fuite tous mes ennemis. --- Ils ont été, devant moi, comme la poussière que le vent emporte, et comme la boue que l'on foule aux pieds. -- O Eternel! vous m'avez fait triompher des séditions du peuple; vous m'avez établi Chef des Nations, et le peuple que je ne connaissais point, a obéi à mes ordres; aussi-tôt qu'ils ont ouï parler de moi, ils se sont soumis à ma volonté. — Les Etrangers voulaient me dérober leurs trames secrètes; mais ils se sont enfuis dès que j'ai paru, et ils ont tremblé de peur dans leurs retraites cachées. --- L'Eternel est vivant! il est ma forteresse, qu'il soit béni! Que l'on célèbre à jamais le Dieu fort qui m'a donné la victoire!

PSEAUME XVIII, V. 29, -- 47.

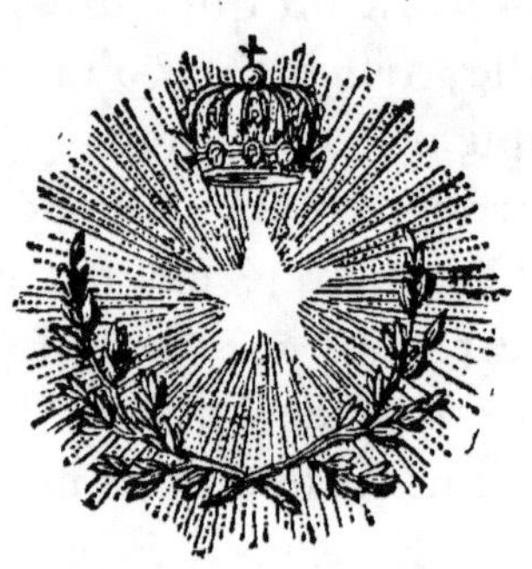

DISCOURS
SUR LA GUERRE,
CONSIDÉRÉE
DANS SES RAPPORTS GÉNÉRAUX AVEC LA CIVILISATION,

ET

DANS LES RELATIONS QUI EXISTENT ENTRE LA FRANCE ET L'ESPAGNE.

» *Lorsque les jugemens de Dieu se promènent sur » la terre, ses habitans apprennent la justice. — O » Eternel! tu nous donneras ainsi la paix ; car » c'est toi qui prends soin de tout ce qui nous » regarde.* » — TEXTE.

ISAÏE, chap. XXVI, v. 9 et 12.

L'ANNÉE glorieuse qui vient d'expirer, consignée à jamais dans les fastes de l'histoire, y laissera des souvenirs immortels: c'est dans son cours que les deux premières Puissances du monde, présidant l'Aréopage des Rois, conçurent simultanément la grande pensée de la paix universelle: c'est dans son cours que la Victoire fidelle, s'empressant de réaliser cette pensée de paix, a soumis les rebelles de l'Espagne, a déjoué les trames — EXORDE.

sanguinaires des Conspirateurs qui voulaient y établir la prépondérance odieuse de l'Angleterre, occasionner, sur le Continent, une guerre sans fin, et le livrer en proie, avec sa liberté reconquise, avec ses productions, son commerce et ses trésors, aux Insulaires avides. --- Hâtons-nous de prévenir la postérité; devançons, par nos vœux, par nos prières et par notre admiration, le brillant avenir qu'on lui prépare; anticipons sur l'époque du bonheur.

Cependant, pour que notre gratitude soit aussi profonde et aussi durable qu'elle est sincère, ne séparons point les mouvemens rapides du cœur, d'avec la marche plus lente, plus utile et plus réfléchie de l'esprit. C'est aux clartés de la raison éternelle que doit s'allumer le pur encens que nous venons offrir à l'Être Suprême. Et il faut avoir envisagé la Guerre, malgré ses désastres particuliers, dans ses rapports généraux avec le perfectionnement de l'espèce humaine, avec les grands intérêts des Nations; il faut, encore, être convaincu de l'obligation indispensable, que la sureté, l'honneur et le repos des Français, imposaient à notre magnanime Empereur, de repousser l'influence anglaise de la péninsule occidentale dont nous partageons les frontières et les destins ; il faut, sur-tout, comprendre la nécessité urgente, qu'éprouvait l'Espagne, d'un ordre de choses plus libéral, plus assorti à la civilisation actuelle de l'Europe,.... pour motiver notre juste sensibilité, pour justifier, avec éclat, cette Action de graces solennelles que nous venons rendre à Dieu, qui, en nous accordant à-la-fois et la gloire de nos armes, et la grace des vaincus, et le salut inespéré de leur Capitale, a favorisé les vues généreuses de Napoléon. --- Tel est donc le but que je me propose.

I. Je prouverai, d'abord, que la guerre n'est pas seulement *un Jugement de Dieu, destiné à enseigner la Justice aux habitans de la Terre ;* mais qu'elle est sur-tout le puissant moyen dont se sert la Cause Intelligente du Monde pour y introduire graduellement la Civilisation; pour rapprocher des peuples entre lesquels il n'y aurait eu, autrement, ni traité de paix et d'amitié, ni commerce, ni relation légale, ni aucun échange de lumières et de bonheur. Division.

II. J'établirai, ensuite, les avantages sans nombre, une plus saine législation, la liberté civile et religieuse, la prospérité, l'indépendance, les améliorations, et la paix que le succès de nos armes en Espagne assure à cette belle contrée, ainsi qu'à l'Empire des Français, et à la famille Européenne.

C'est-là tout le plan de ce discours.

I.re PARTIE.

En parcourant les Révolutions du Monde, la grande série des évènemens, la succession des siècles distingués et historiques, il est une consolante vérité de laquelle on ne peut détourner son attention, c'est *la perfectibilité de l'espèce humaine :* toutes les variations, tous les phénomènes que nous présente la société dans ses différens tableaux, les conquêtes des Monarques, les découvertes antiques et récentes de diverses régions, les vicissitudes des peuples et des empires, le Nord se versant tout entier sur le Midi, des tribus entières de barbares se refoulant dans leurs successives migrations sur les sociétés civilisées, tous les événemens paraissent subordonnés à un seul plan, au dessein unique d'accélérer les progrès de la Civilisation. Voilà, voilà le *grand OEuvre* auquel, dès les jours de la création, travaille constamment la Sagesse divine! Amener sur la Terre le culte de la vertu; favoriser l'explosion des facultés intellectuelles; accomplir, par des sacrifices généreux, par des épreuves utiles, les jours du noviciat, de l'apprentissage nécessaire qui qualifie l'homme pour l'éternité; faire, en un mot, l'éducation des peuples, des familles et de chaque individu, voilà le sublime but que se propose le Maître du Monde! et tous les traités, toutes les guerres, toutes les législations, toutes les catastrophes politiques servent toujours, même à notre insu, à remplir les fins d'une Sage Providence qui fait tout concourir au perfectionnement du genre humain.

Avenir de la gloire! avenir de la vertu! avenir du bonheur et de l'innocence, je t'invoque maintenant! Viens! viens nous offrir le beau dénouement du drame de la vie; viens détacher nos cœurs de l'intérêt personnel; apprends-nous à supporter sans regret les privations que demande la patrie; fais évanouir à nos yeux les prestiges honteux de la volupté, les calculs flétrissans de l'égoïsme; empêche-nous de succomber au découragement à l'aspect des maux que souffre l'Humanité; montre-nous, dès l'origine des siècles, les progrès de la raison, l'accroissement des lumières, la pratique graduelle des vertus; montre-nous, enfin, et dans toutes les époques principales de l'Histoire, et dans celle qui nous rassemble aujourd'hui, une même tendance, un seul et unique but, la *Civilisation universelle!*

Cependant, M. T.-C. A., entre toutes les voies qui conduisent les peuples à ce brillant avenir, et qui réunissent en un seul corps, par toutes les charités sociales et par un même intérêt, les membres épars et déchirés de la famille humaine, il en est une que les nations ont suivie le plus constamment; c'est sur la gloire des armes que se sont fondés tous les Empires; c'est sous leur bouclier défenseur que fleurit le commerce, que règnent les lois, la justice et l'équité : et telle est ou la nature encore imparfaite des choses terrestres, ou la perversité de l'esprit humain, que l'Être souverainement saint et juste, qui tire sans cesse le bien du mal, la lumière des ténèbres, s'est servi, dès l'origine des sociétés, se sert encore de la guerre pour perfectionner les Gouvernemens, pour rapprocher des peuples qui ne s'étaient point connus, qui se haïssaient peut-être ; pour détruire leurs dangereux préjugés ; pour les réformer les uns par les autres ; pour établir, sur les ruines de l'égoïsme national, l'amour généreux de nos semblables ; pour faire, enfin, succéder à l'esprit de parti, aux haînes aveugles qui les divisaient entre eux, la paix générale et le calme universel.

Ne vous hâtez point, je vous en conjure, de rejeter cette opinion, pour si paradoxale qu'elle paraisse ; un coup-d'œil comparatif, jetté tour-à-tour *sur l'homme de la nature* et *sur l'homme social*, la constatera jusqu'à l'évidence. --- Lisez l'Histoire de ces hordes farouches qui ne participent point aux bienfaits de la société, et qui sont encore dans l'état de nature ; voyez-les vivre en de perpétuelles inimitiés, nourrir d'implacables haînes, s'entr'égorger mutuellement ; vous chercherez, mais en vain, un grand nombre de ces tribus de sauvages ; elles ont succombé à ces combats d'extermination, et elles ont disparu de dessus la Terre ! --- Détournez vos regards de ce sinistre tableau ; fixez-les sur le consolant phénomène que vous offrent les premières sociétés; et vous ne tarderez pas à reconnaître que cet instinct destructeur, que cet esprit de meurtre, de vengeance et de rapine qui stimule *l'homme naturel*, s'est converti en un ressort actif de bienveillance, d'humanité et de coordination, aussitôt que l'homme est entré dans l'ordre social. Dès-lors la guerre ne s'est plus faite à outrance, elle n'a plus été un principe dépopulateur; soumise à des conventions sacrées, non-seulement elle épargne les vaincus, mais elle leur fait partager l'industrie, les beaux-arts, le commerce, et toutes les prospérités des vainqueurs.

« Je ne saurais nier la justesse de cette » observation, me répondrez - vous, peut- » être, et il n'est point d'esprit judicieux » qui ne l'ait faite avant vous. Mais de ce que » l'état de nature ne produit ni vertu, ni » lumières, ni bonheur; de ce que l'homme » civilisé est seul vraiment *homme*, s'ensuit- » il la vérité de votre opinion? et, parce » que l'état de société a adouci la guerre » naturelle, parce qu'il a mitigé les mœurs, » et mis un terme au carnage qui menaçait » le genre humain d'une totale destruction,

» pouvez-vous en conclure que l'esprit mili-
» taire a fondé les Empires, qu'il a présidé à
» la naissance des lois; et que ce fut, sous l'égide
» tutélaire des armes, que les nations agrestes
» se civilisèrent? »

Oui, mes chers Auditeurs, oui, je suis en droit de tirer cette conséquence rigoureuse, seule propre, et à justifier les voies de Dieu, et à consoler les hommes des maux que la guerre leur causa; oui, il est infiniment facile de démontrer, par une suite continuelle de faits, que *la guerre,* toutes les fois qu'elle a été juste, légitime, entreprise pour la défense des sociétés, s'est convertie, par la sagesse admirable de l'Arbître bienfaisant de nos destinées, en un puissant moyen de civilisation.

Ouvrez les Annales antiques et récentes de la Terre; comparez ensemble le présent et le passé; et vous avouerez que, dans chaque siècle, de nouvelles nations, *conquises* et *conquérantes*, mais les unes dans leur première férocité, les autres dans l'état de seconde barbarie, ont été admises, ou par des Héros-pacificateurs, ou par les vicissitudes des armes, aux prospérités de l'ordre social; et vous reconnaîtrez que la victoire favorable a transmis, avec rapidité, à des peuples sauvages ou abrutis, le riche dépôt des connaissances, des arts et de la législation, qu'ils n'eussent reçu sans elle qu'après de longs siècles de misère et d'ignorance.

Ici, vous verrez les sages Egyptiens, conduits par Sésostris, conquérir et civiliser l'Asie ; là, d'un point fécond et radieux, de la région éclairée de la Grèce, s'élanceront à vos yeux des légions intrépides de guerriers qui répandront, jusque dans les contrées hyperboréennes et chez les efféminés Indiens, les instructions aimables, les nobles vertus, l'industrie précieuse des Spartiates et des Athéniens : plus près de nous, c'est la Cité souveraine qui attirera l'hommage de votre esprit ; et vous verrez, avec reconnaissance, les Romains briser à l'envi les fers du monde qu'ils avaient dompté, pour lui faire partager leur opulence, le Code estimable de leurs lois, et la liberté civile.

Comment, hélas ! comment le plus noble des Empire s'est-il abîmé dans la nuit des siècles ? Qu'est devenue la Reine des Cités ! et pourquoi ce brillant tableau, que l'ancienne Italie offrit long-tems à l'admiration des siècles, a-t-il pâli de corruption, de ruines et de vétusté? où sont les ressources qui restaient à la nature morale, quand Rome croula sous son propre poids? alors qu'ensevelie sous les dépouilles du monde qu'elle avait vaincu et civilisé, elle laissa éteindre le flambeau de ses lumières; lorsqu'elle perdit jusqu'au souvenir de ses antiques mœurs, de cette sagesse et de ces vertus qui l'avaient assise sur le trône de la Terre; quels élémens de restauration, quelles lueurs d'espérance pouvaient encore éclairer, rajeunir la masse entière des sociétés tombées en décrépitude, périssant d'iniquité, de vermoulure et de putréfaction? et ne paraissait-il pas impossible, dans le cours ordinaire des choses, de sauver le genre humain de ce déluge moral? --- Protecteur Suprême du Monde! Réparateur bienfaisant de l'Univers! toi qui pardonnes, toi qui, n'ignorant pas que tout ce qui est marqué au coin de l'humanité, est périssable comme elle, préparas, dès l'origine des tems, au vaste Édifice Social des moyens de reconstruction, je t'adore dans le sentiment profond de tes miséricordes; et je reconnais la vérité de cette sainte déclaration : *quand les jugemens de Dieu se promènent sur la Terre, ses habitans apprennent la justice.*

J'élève mes yeux vers les montagnes de l'Aquilon ; et j'en vois descendre un essaim innombrable de barbares qui viennent envahir, régénérer les plages corrompues de l'Europe et l'Empire des Césars : les armées Romaines, renversées par cette effroyable irruption, n'opposent plus au débordement de ces flots de nations que des digues impuissantes qui se rompent ou cèdent de toutes parts, ainsi qu'une claie de roseaux dévorée par un tourbillon de flammes, ou battue et brisée par les vents. Ces Hordes belliqueuses de vainqueurs qui, sur de mobiles habitations, des cimes glacées de l'affreux Caucase aux campagnes riantes que baigne le Pont-Euxin, traînaient leur vagabonde existence, renoncent bientôt à leur *naturelle férocité*, elles s'adonnent aux arts et à l'agriculture, elles s'établissent à l'envi dans les Cités des vaincus, elles embrassent successivement le Christianisme : et les habitans énervés du Midi, retrempés dans l'océan des épreuves de la guerre, se mêlent peu-à-peu avec les Conquérans, avec ces hommes farouches, mais vertueux, qu'avait vomis le Nord ; ils empruntent d'eux une nouvelle énergie ; ils jettent avec eux les solides fondemens de ces modernes sociétés, de ces familles mêmes auxquelles nous appartenons.

Mais, dans une époque moins reculée encore, il n'est pas jusqu'à ces téméraires expéditions, entreprises par le fanatisme, signalées par la plus scandaleuse immoralité, conduites par l'ignorance, terminées par la perte de Jérusalem et de plus d'un million de combattans, il n'est pas jusqu'aux Croisades, en un mot, qui n'aient éminemment contribué à l'affranchissement de l'Europe féodale; procuré l'indépendance du Tiers-Etat, la renaissance graduelle des beaux-arts et de la vraie Philosophie; donné aux Commerce des trésors et du crédit, au Peuple cultivateur une répartition plus équitable des terres; rendu aux villes et aux cités un droit civil, une jurisprudence et des tribunaux.

Et que dirai-je, enfin, de la Russie qui vient prêter à ces anciennes autorités une force nouvelle; qui démontre, avec éclat et d'une manière triomphante, la vérité que je voulais établir? La Russie, qui, par une suite non-interrompue de combats heureusement soutenus contre ses ennemis naturels, est parvenue, comme miraculeusement, en moins d'un siècle, à répandre, sur un Empire de plus de deux mille quatre cents lieues, les bienfaits de la Civilisation, la Russie ne nous prouve-t-elle pas que *l'esprit militaire* préside à la naissance des Gouvernemens; que c'est lui qui favorise l'explosion des facultés morales et intellectuelles; que c'est à lui que nous devons, tour-à-tour, la création et le renouvellement de l'état social, de ses jouissances estimables, de ses vertus, de son commerce et de ses bienfaisantes institutions qui peuvent donner seules du prix à la vie?

Maintenant, si des hommes sans passion, partisans de l'ordre et de l'éternelle vérité, devaient seuls m'entendre, je me flatterais de les avoir convaincus; et la première partie de ma tâche serait achevée.

Mais, hélas! je ne saurais ignorer que l'opinion que j'expose, éprouvera la contradiction la plus violente, non de la part de ceux qui ne seraient pas de bonne foi, non de la part de ces hommes égoïstes, intéressés, personnels, qui approuveraient, le plus hautement, la vérité qu'ils repoussent, si elle avançait leur profit particulier; et si les chances

chances de la guerre actuelle, que l'on nous oblige follement à soutenir, tournaient au gré du monopole insulaire : non, j'aime à me le persuader ; parmi les Français, je ne trouverai point de tels hommes, et je n'aurai rien à démêler dans ce pays avec de pareils détracteurs.

Mais il existe, et je ne puis me le dissimuler, il existe une classe inquiète, morose et chagrine d'opposans, frondeurs de toute réforme, militant sans cesse en faveur des préjugés, avares de sacrifices, et timorés à l'excès : peu soucieux de savoir comment les sociétés fleurissent, comment des Etats dégénérés peuvent se renouveller, et par quel moyen puissant le *Monde moral* subsiste encore, ils redoutent l'éclat de la *vérité,* lorsque, telle que la sagesse des Anciens, elle paraît à leurs yeux *toute armée*, et revêtue de ces attributs vainqueurs dont elle terrasse le fanatisme, détruit l'infidélité, scelle indestructiblement l'alliance auguste de la Religion et de la Morale, répare les maux horribles que l'erreur, l'ignorance et la superstition firent de tout tems au genre humain.

Mortels aveuglés par des craintes mensongères, la vérité vous fait peur ! comme si elle pouvait nuire ! comme si, en étouffant au-dehors sa voix touchante, vous pouviez parvenir à ne plus en entendre les accens dans le fond de votre cœur ! elle vous parle, alors même que vous refusez de m'écouter, la vérité que j'annonce ; et le Dieu réparateur se justifie sans cesse aux regards des nations, dans les pages de l'Histoire, et dans le Tableau merveilleux des progrès actuels de la civilisation. Ce n'est pas vous, néanmoins, qui comprendrez son céleste langage, vous qui déclamez à tout propos contre l'instruction ; vous, qui soutenez qu'éclairer le peuple, c'est le corrompre ! Vous n'êtes pas vrais ! vous mentez à votre conscience ! vous éteignez en vous les clartés de la raison ; et, en jettant la première pierre contre celui qui respecte assez ses grands devoirs, qui aime assez ses semblables, pour leur dire d'importantes vérités qui les blessent peut-être, mais qu'il est de leur véritable intérêt, mais qu'il est de la tranquillité de leur ame, de savoir, vous imitez la conduite insensée de ces hommes que le divin Rédempteur voulut, mais en vain, conduire dans les voies de la sagesse, et desquels il dit : « *Ils m'ont haï sans sujet; ils » ont mieux aimé les ténèbres que la lumière*

» *de la vérité, parce que leurs œuvres* ou leurs » intentions *étaient mauvaises.* »

Et qu'ils sont ineptes les allégués qu'ils emploient pour repousser l'opinion, qu'ils devraient examiner avant de la combattre, et qui aurait pu leur porter la paix ! --- « Cet » homme prêche la guerre, disent-ils, ce » Prédicateur d'un Dieu de paix ose crier » aux armes et provoquer les combats ! » --- C'est donc prêcher la guerre, hommes ingrats, que de vous en annoncer l'heureux terme, le terme, chaque jour, incessamment, plus prochain ! C'est donc prêcher la guerre, que de vous prouver que le suprême Protecteur des peuples tire sans cesse de notre instinct naturel et destructeur, qu'il a assujetti à des règles sociales, des moyens de le tempérer et de l'adoucir, de le convertir en une source intarissable de bienveillance, d'où jailliront la paix, l'union éclairée des peuples, et une éternelle charité !

Dites, dites votre pensée toute entière ; dites que vous croyez que le Monarque de l'Univers laisse flotter au hasard les rênes du Gouvernement des peuples, vous qui refusez de voir dans la guerre un jugement de Dieu, qui se promène sur la face de la

Terre pour rapprocher graduellement les Nations, pour les former les unes par les autres à la justice, pour les réunir, un jour, par des droits et des intérêts égaux. ---- Vous rejetez, donc, l'autorité des Saintes Ecritures où l'on voit la conquête du pays de Canaan, formellement prescrite au peuple d'Israël ; où, deux siècles avant sa naissance, le conquérant Cyrus est annoncé par son nom ; où les quatre grandes Monarchies, et la cinquième sur-tout qui devait les surpasser, dominer le Monde entier soumis à des lois équitables et uniformes, sont désignées si expressément, qu'il est impossible à des Chrétiens instruits de les méconnaître. --- Vous désavouez, enfin, et les analogies du raisonnement, et les utiles préceptes de l'expérience ; vous fermez volontairement les yeux au spectacle mouvant des sociétés, vous qui ne croyez point que la victoire inconstante et les chances, d'ailleurs incertaines, des combats, sont déterminées dans les Conseils du Très-Haut, sont assujetties à ce plan de lumière et de bonheur, que le meilleur des Pères s'est proposé pour nous dès la Création. --- Oui, puisqu'il est indubitable que l'Être infini en pouvoir, en sagesse et en bonté, aurait pu, que dis-je? aurait dû éloigner à jamais de l'espèce humaine le fléau de la guerre, si elle n'offrait aucun moyen de salut, si elle n'avait pas une utilité proportionnée à l'étendue des maux qu'elle nous cause, il résulte de cette proposition qu'il faut être athée, ou manichéen, ou d'un scepticisme rare, pour soutenir que les grandes vicissitudes des Etats, les longues fluctuations des peuples qui s'entrechoquent et qui se mêlent ensemble, ne peuvent les conduire à une fin digne de leur puissant Fondateur; à reconnaître les grandes lois de la famille commune; à resserer entr'eux, par l'union de l'esprit, les liens de la paix, d'un commerce réciproque, et d'une inaltérable amitié.

Il prêchait donc, aussi, la guerre, le Sauveur du genre humain, lorsque, faisant allusion à cette lutte homicide, où les martyrs de la vérité triompheraient, par leur patience et leur courage invincible, de la rage impuissante des persécuteurs, il dit à ses disciples : « *Ne pensez pas que je sois* » *venu apporter la paix sur la Terre ; je* » *n'y suis pas venu apporter la paix, mais* » *l'épée!* » --- Et, cependant, il censure sévèrement, comme dépourvus d'intelligence, ceux de ses Auditeurs, qui, dans l'âpreté de leur zèle, désiraient qu'il fît descendre le feu du Ciel sur les incrédules Samaritains : « *Vous ne savez pas*, leur dit-il, avec force, » *vous ne savez pas de quel esprit vous êtes* » *animés ; je ne suis pas venu pour faire périr* » *les ames des hommes, mais pour les sauver.* »

Et, pour nous faire comprendre le sens de ces mots : *je suis venu apporter l'épée* ; pour nous consoler, par la certitude de l'immense indemnité, de la civilisation des peuples, du bonheur du genre humain, et de l'immortalité bienheureuse, qui compensent amplement, que dis-je ? qui font oublier les malheurs de la guerre, occasionnée par l'opposition acharnée des peuples au régime pacifique du Christianisme, celui qui en fut l'instituteur bienfaisant, dit à ses Disciples : « *je vous laisse ma paix, je* » *vous donne ma paix ; je ne vous la donne* » *point comme le monde la donne ; que votre* » *cœur ne se trouble point.* »

De même, Auditeurs judicieux, ames sensibles, qui, d'un côté, croyant au Dispensateur suprême des évènemens, de l'autre, affligés du spectacle odieux des querelles des peuples, cherchez à concilier cette douloureuse et embarrassante situation avec le dogme sacré d'une Providence infiniment sage qui a permis ces déplorables hostilités, je vous adresse les paroles de notre divin Maître : « *Je vous laisse la paix; je vous apporte la paix* ». Je vous fais, du moins, pressentir le terme prochain des guerres, de ces jugemens de Dieu, qui ne se promènent sur la face de la terre, que pour la pacifier; que pour anéantir l'inimitié naturelle, l'instinct anti-social qui isole les humains, tant qu'ils ne sont point incorporés en une seule et même famille par des liens généreux et fraternels. Je viens vous annoncer l'achèvement inespéré du vaste édifice qui mettra desormais les nations à l'abri de l'exacteur, à l'abri des commotions fatales qui les agitèrent.

Je vous donne la paix; je vous apporte la paix! Je ne vous la donne point comme le monde la donne; que votre cœur ne se trouble point. Je viens vous présager non-seulement une paix solide, honorable, universelle, sous le rapport politique et temporel; mais je vous donne aussi la paix de l'ame, le contentement d'esprit, une confiance légitime, illimitée, en celui qui règle les déstinées des peuples.

Je viens vous dire de sa part, que rien n'arrive sans sa haute permission; qu'il ne se propose jamais envers les fils des hommes que leur perfectionnement moral; et que si l'esprit militaire n'eût point servi, dans ses puissantes mains, d'organe de sociabilité et de justice; s'il n'était pas le sûr moyen de civiliser, d'instruire, et de rapprocher les nations, jamais, jamais il ne l'eût laissé introduire sur la terre. Et où est le mortel qui pourrait prévaloir contre Dieu?

Laissez donc, sans impatience, laissez parler contre l'Eternel, et contre son Oint, ces personnes sombres et injustes, qui croient à la prédominance du Génie du mal; laissez murmurer ces esprits farouches et viciés, qui, reniant l'expérience des siècles, ont regret à la première sauvageté; qui voudraient nous faire reculer vers la barbarie et vers l'état de nature, éteindre pour toujours le flambeau de la Révélation: ils ne parviendront jamais, par les instigations de leur fausse concience, à étouffer la voix éclatante de la vérité; ils ne pourront jamais obscurcir les conseils de la Sagesse divine, par des paroles dénuées de science ; c'est pourquoi, *que votre cœur ne se trouble point.*

Cependant, M. C. A., après avoir dissipé les nuages que l'on aurait pu élever, dans votre esprit, sur la nature et l'usage de l'opinion que j'expose, je dois me résumer; et je dis, que la guerre est un *jugement de Dieu*, un moyen de guérison morale, destiné, par le Ciel, à accélérer les progrès de la civilisation ; à reconstituer des Monarchies, des Sociétés, ou usées par le tems, ou, dès leur principe, mal organisées ; à faire saillir, en un mot, le perfectionnement graduel du genre humain, de la source même où il semblait puiser la destruction.

Et le monde physique et spirituel nous conduit, par deux analogies frappantes, à reconnaître, aussi, dans le monde politique, cette grande Loi. --- Ainsi que la nature prévoyante fait quelquefois servir des maux particls au bien général; et que les mêmes causes qui entretiennent la vie des hommes, ou qui leur en procurent les douceurs, occasionnent quelquefois la perte d'un petit nombre; de même la guerre est pour les Nations ce que les tempêtes sont pour l'atmosphère, qui en est purifiée; ce que les ouragans sont pour le bassin des mers, qu'ils bouleversent, pour prévenir les fléaux qu'entraînerait leur stagnation. --- Ainsi, encore, qu'il n'est aucune vertu, aucun mérite, aucune perfection pour l'homme individuel, sans épreuves surmontées, sans tentations, sans difficultés vaincues; et qu'il a été assigné, à chaque mortel, un état de guerre et de combat, pour triompher de lui-même, et se rendre maître de son cœur; de même la concorde des Sociétés, et l'harmonie des peuples, doivent trop souvent se cimenter par l'expulsion, par la défaite et la chûte violente des contradicteurs.

Et si tout Monarque, quelqu'il soit, n'est censé faire la guerre que pour éterniser les délices de la paix, pour la conquérir par ses victoires; s'il est appellé le garant et le conservateur de la paix, est-il étonnant que les grands Potentats de la terre, les Régulateurs des Nations, ne puissent, trop souvent, sans entrer dans une lice sanglante, appaiser les séditions, exercer la justice universelle, comprimer des Gouvernemens perturbateurs, sanctionner l'accord des *grande.*

familles et les droits des Nations? ---- Appliquons ces principes à l'Espagne. C'est la seconde partie de ce Discours.

« Il faudrait », écrivait au commencement du dernier siècle un célèbre Publiciste, « il » faudrait qu'il vînt en Espagne *un Conquérant étranger*; ou que le Ciel plaçât sur le » trône de cette péninsule *un Roi philosophe*, » pour rendre à cette noble nation, jadis si » célèbre, l'énergie qu'elle n'a plus; pour » mettre en circulation les trésors du nouveau » Monde, ensevelis dans les cloîtres; pour » ranimer chez les Espagnols, le goût des » beaux-arts, l'esprit de l'agriculture, du com» merce et d'une saine Legislation; mais, » ajoute cet écrivain estimable, l'Espagne » paraît infiniment éloignée de voir arriver » l'un ou l'autre de ces deux événemens. » 2.e PARTIE

Il était arrivé, contre toute vraisemblance, *l'un* de ces événemens si désirables et si fortunés, lorsque l'insurrection des anarchistes d'Espagne a fait survenir *l'autre*.

Un Roi Administrateur, habile, bienfaisant, regretté par un Peuple dont il faisait les délices et réforma les abus, a été appelé par la Providence à replacer la nation Espagnole au niveau des peuples les plus éclairés du Continent. Et la cession formelle de Charles IV, pour lui-même, pour ses fils, à pour toute la dernière Dynastie, donnait à JOSEPH-NAPOLÉON le droit le plus sacré, le plus authentique à la Couronne d'Espagne, droit dont la légitimité avait été reconnue ouvertement par les *Cortès* ou les Députés de ce royaume; lorsque le Ministère Britannique, qui a horreur de la paix, séduisit la *Junte*, corrompit les *Grands*, ameuta la populace, débarqua cinquante mille anglais, mania le lévier immoral du fanatisme; et, donnant à cet effroyable lévier tous les monastères Espagnols pour point d'appui, l'Angleterre, dès-lors, aurait pu se flatter de bouleverser l'Europe, si le premier de ces événemens, désiré par le publiciste que je viens de citer, ne fût arrivé pour frustrer l'avarice insatiable et la cruelle espérance d'Albion.

Il a apparu soudain, tel que l'éclair qui perce la nue de l'Est à l'Ouest, il a apparu, à-la-fois, comme en un seul et même acte, ce *Conquérant étranger*, aux limites extrêmes et au centre de l'Espagne. --- L'Olivier de la paix est entre ses mains, entrelacé aux palmes de la victoire; et, fort de sa volonté, de sa puissance, de l'admiration de l'Univers, NAPOLÉON veut encore régénérer les Espagnes, malgré leur révolte; non content d'avoir sauvé Madrid de la destruction, il veut aider la Nation espagnole à atteindre le haut terme de civilisation dont il la croit susceptible; à reconnaître ses vrais intérêts; à revenir aux idées libérales, simples, lumineuses, sans l'adoption desquelles il n'est, pour les peuples, aucune prospérité. Et nous verrons bientôt que tout sollicitait, en Espagne, un nouvel ordre de choses, hors duquel il n'était pour elle aucun espoir de bonheur.

Que si vous demandez, M. C. A., quel pressant intérêt peut avoir la France, à donner aux Espagnes une forme plus heureuse de gouvernement; à y détruire les factions anarchiques, à y anéantir l'influence des Anglais qui exploitaient, à eux seuls, les trésors de ce superbe pays. --- Je répondrai à cette question, qu'indépendamment des droits incontestables à cette couronne, que NAPOLÉON venait d'acquérir, la France, cette antique Métropole de la civilisation moderne, ne pouvait voir, avec indifférence, les Anglais s'emparer de ce boulevard occidental, qui fait sa défense naturelle; disposer exclusivement des productions, pomper tout le numéraire de l'Espagne ; commander arbitrairement sur ses flottes et dans ses ports; faire, en un mot, de cette puissante Monarchie, ce qu'elle avait long-tems fait du Portugal, un département de la Grande-Bretagne, qui aurait rompu, dès-lors, avec nous, tout commerce de fraternité, de bon voisinage, et de secours mutuel.

Quoi! tyrannisés nous-mêmes sur toutes les mers par cette Puissance ambitieuse, nous ne lui fermerions point l'entrée du Continent, comme elle ferme sur nous les ports des quatre parties du Globe! Quoi! l'esprit national, l'amour de la Patrie, ce feu sacré qui anime les Français, ne nous porterait point, sans autre motif, à resserrer cette Monarchie universelle que les Anglais prétendent fonder sur les eaux de l'Océan! Quoi! nous verrions, de sang-froid, nos alliés devenir leurs tributaires! et nous pourrions entendre, sans indignation, le Gouvernement Britannique, reprocher à la France ses prétendus envahissemens et son esprit de conquête ; tandis que, peu avant notre révolution, il avait acquis sur le continent Asiatique, par des procédés qui répugnent à la loyauté française, plus de soixante-cinq millions de Sujets ; tandis qu'il y possède, en droits régaliens, la somme de sept cents millions de livres, en revenus annuels, sans compter les tributs énormes qu'il se fait payer par les Princes de l'Inde ; sans calculer les trésors que lui rapporte, chaque jour, le commerce exclusif qu'il fait dans cette opulente région ! — Certes! c'est, pour n'être point écrasé par ce Colosse qui a dérangé l'équilibre du monde politique, et qui, reposant un pied sur le rivage indien, a porté l'autre sur les Colonnes d'Hercule, que nous avons mis de prompts obstacles à ses progrès au-delà de Gibraltar, et que nous repoussons, dans leurs navires, les troupes errantes du Cabinet de St.-James.

D'ailleurs, et je dois le dire expressément, l'Espagne manquait encore à la consolidation du noble Edifice que nous voyons s'élever de toutes parts, pour assurer désormais la tranquillité des peuples et le perfectionnement de l'ordre moral. L'Espagne, soulevée contre nous par les Insulaires qui nous ont juré une guerre interminable, devait être pacifiée, régénérée par nous, avant de s'incorporer dans la grande Famille européenne; avant de voir règner sur le Continent le calme universel, *résultat infaillible des guerres*, des longues commotions que le dix-huitième siècle fit éclore, et que le siècle glorieux, que nous commençons, verra entièrement expirer.

Et pour vous convaincre, M. C. A., que l'Espagne était restée, de plus de deux siècles, en arrière des peuples véritablement civilisés; que la lenteur de sa marche n'était plus assortie aux progrès rapides de l'Europe; qu'elle dépérissait chaque jour, et qu'elle renfermait, en elle-même, le germe d'une dissolution menaçante, je me bornerai à vous indiquer *ce principe de mort*, qui, depuis plus de deux cents années, s'était glissé dans le sein de cette estimable Nation, et consumait les élémens de sa vie, sa population, son indépendance, ses richesses, et jusqu'à ses mœurs et à ses vertus.

Tous les maux qui travaillaient les Espagnes, et les vices d'une mauvaise Administration, et le mépris de toute industrie, et la haîne du travail, et les vacillations funestes d'un Gouvernement sans force, et la dépopulation alarmante de ce fertile pays, doivent se rapporter à une cause unique, la SUPERSTITION.

C'est elle qui fit bannir de ce royaume, par les instigations fanatiques du dominicain Torquémada, et les ordres aveugles d'Isabelle, huit cent mille commerçans qui étaient espagnols de naissance, mais attachés au Culte Israëlite.

C'est la superstition qui fit expulser, sous Philippe II, un million de Maures, dont le règne avait duré en Espagne sept cent quatre-vingt-deux ans; ces Maures si braves, si hospitaliers, si industrieux, si indignement calomniés par d'infidelles Chroniques! Ce fut d'eux, cependant, que l'Europe reçut une seconde fois le flambeau des sciences, de la littérature et des beaux-Arts, que les Romains avaient allumé au milieu d'elle, et qu'avait vu s'éteindre l'Age moyen. --- Ce furent ces Maures, si injustement persécutés, qui possédèrent, les premiers, des Artistes et des Savans; qui excellèrent sur-tout dans l'agriculture, lorsque tous les autres peuples Européens ignoraient jusqu'aux élémens de cet Art si noble, si indispensable, le plus précieux de tous. --- C'étaient eux, enfin, dont les ouvrages et les Universités avaient fait de l'Espagne Méridionale, où ils règnaient, l'asyle heureux de la tolérance, de l'urbanité, et de la philosophie, lorsque de superstitieuses opinions, un faux-zèle impolitique, firent disparaître soudain ce paradis temporel de délices et de bonheur.

Plus de cent cinquante mille de ces intéressans proscrits passèrent par la France, où ce Prince vertueux qui fut, à son tour, la victime déplorable de la Superstition, s'efforçait d'adoucir les rigueurs de cet exil arbitraire, et traitait ces malheureux avec une grande humanité, lorsqu'il tomba lui-même, (et ce fut la même année de l'expulsion des Maures), sous le poignard du fanatisé Ravaillac.

Mais la Nature venge les Maures d'Espagne; et le coup meurtrier, que leur expropriation immorale porta jusqu'au cœur de cette Péninsule, abandonnée dès-lors à la stérilité, à l'incurie d'Administrateurs ignares, se fait sentir plus douloureusement chaque jour: cette plaie profonde est bien loin d'être guérie; et il ne faudra pas moins que le plus sage et le plus actif des Gouvernemens, que le changement heureux de Dynastie, que la prompte réformation des abus, que la rupture des chaînes féodales et monastiques, pour réparer, même après un laps considérable de tems, cette perte inmensurable.

C'est la superstition, encore, qui livra en proie aux bètes sauvages, et aux flammes des bûchers, plusieurs milliers de familles Indiennes, devenues sujettes des Espagnols; et que l'ami des hommes, le généreux Las Casas, tâcha, mais inutilement, de défendre au nom sacré du Christianisme.

C'est ellé, enfin, (et je ne rapporterai que ce phénomène de barbarie, pour vous montrer d'un seul trait tous les maux qu'elle a produits), c'est la SUPERSTITION et le FANATISME sanguinaire qui ont enfanté, pour l'effroi de l'univers, un Fils digne d'eux; production monstrueuse que la Nature désavoua, et à qui elle refusa les douceurs de la lumière; en un mot, le tribunal horrible de l'INQUISITION; --- Tribunal Sinistre, absurde, et mystérieux, qui ne motiva jamais ses sentences, et qui forçait, par les tourmens de la Question, le captif innocent à s'accuser; --- Tribunal Féroce, qui, en moins de quatorze ans, condamna aux tortures plus de cent mille hérétiques prétendus, et fit brûler vives six mille personnes; ---- Tribunal attentatoire aux droits Civils, aux droits imprescriptibles de la Conscience, et à ceux-mêmes des Souverains!

Nous lisons, dans l'Histoire impartiale, que le Grand-Inquisiteur eut l'audace inconcevable d'exiger de Philippe III quelques gouttes de son Sang royal, qui furent versées sur un brasier ardent par la main du Bourreau même! --- Et quel était le péché, quel était le crime du Monarque Espagnol? vous frémirez, en l'apprenant, Ames sensibles! le Crime du Roi, aux yeux d'un Juge atroce, c'était la PITIÉ! c'étaient les inspirations sacrées de la nature et de l'humanité, qui s'étaient fait entendre à Philippe; c'étaient des larmes de compassion, quelques larmes sympathiques de souffrance et de regret, accordées par ce Prince à des infortunés qui attestaient en vain l'innocence d'une vie irréprochable; et qui, pour adorer Dieu différemment, étaient jettés dans les flammes!

« Mais ils sont fort loin de nous, ces tems affreux », me diront les fauteurs du soi-disant Saint-Office, hommes peut-être bien-intentionnés, et qui aiment, en matière politique, à se faire un étai de la superstition; « mais ce tribunal sévère n'était plus, » dès long-tems, qu'un organe secret de » l'Administration, qu'un ressort actif de » police générale; et, depuis CHARLES II, » l'on a point eu l'inhumain spectacle d'un » *Auto-da-fé* ».

Vous oubliez donc, répondrai-je, les malheurs étranges et l'exil du célèbre Olavidèz, de cet homme juste qui, sur la fin du siècle passé, tomba entre les mains des Inquisiteurs, pour avoir osé interdire à des Moines l'abus pernicieux des franchises des Couvents, qu'ils faisaient servir de repaire aux homicides et d'asyles à des brigands, avec lesquels ils partageaient les dépouilles, la propriété des voyageurs égarés, tombés sous un couteau assassin, à la faveur des ténèbres.

Vous n'avez donc point lu, ajouterai-je, le voyage, publié récemment par Townsend qui atteste, (et il est digne de foi) comme il traversait l'Espagne, qu'un prédicateur fameux, auquel, même, on attribuait des prodiges, et qui, d'ailleurs ne manquait pas de talens, soutenait naguères, en prêchant dans une place publique, la criminelle opinion qu'en cas d'hérésie, on devait abjurer l'humanité; que c'était alors le devoir des fidèles de livrer au tribunal de l'inquisition ceux qui leur sont les plus chers; le fils son père, et la femme son époux.--- Et le Gouvernement timide et superstitieux laissait prêcher au peuple cette doctrine dénaturée!

Aussi quels ravages journaliers ne faisait point, en Espagne, ce système anti-social de persécution! il privait ce malheureux Etat des sujets les plus utiles, il effrayait l'étranger, il éteignait le génie, il faisait mourir l'activité et l'espoir.

Sans la Tolérance il n'est plus d'émulation, plus de concurrence et plus d'industrie; le zèle se refroidit, les mœurs se dégradent; le souvenir même de la Divinité s'efface et se perd entièrement : et, comme l'a dit un Ecrivain estimable, l'incrédulité d'ignorance et de Superstition est plus commune en Espagne, que l'incrédulité du Savoir et de la Philosophie ne l'est chez les peuples les plus éclairés.

Convenez, dès-lors, que la Nation Espagnole, malgré la présence de quelques Savans, malgré les Vertus Apostoliques de plusieurs de ses Evêques, n'avait plus, ni dans son Gouvernement, ni en elle-même, aucun moyen suffisant de vitalité, de renaissance spontanée et de régénération. --- Reconnaissez que, depuis deux siècles, elle était stationnaire, tandis que la CIVILISATION faisait autour d'elle les plus rapides progrès. --- Avouez qu'elle redoutait le réveil de la Raison, que provoquait la France; qu'éblouie par les rayons de la vérité qui éclairaient l'Europe, on la voyait graduellement se replonger toujours davantage dans le sommeil de la Superstition, et se replonger dans la nuit des Monastères. --- Concluez de-là qu'il ne fallait pas moins que la voix tonnante du pouvoir, que le vol impétueux de nos Aigles victorieuses, et l'invincible volonté du CONQUÉRANT-PACIFICATEUR qui a dompté les Rebelles, pour faire accepter à une Nation, courbée depuis des siècles sous l'esclavage des Cloîtres et sous le Sceptre de fer des Inquisiteurs, *la Liberté civile et religieuse*; pour la faire consentir *à l'affranchissement des droits féodaux*, au joug desquels elle était façonnée dès long-tems; pour introduire, enfin, au-delà des Pyrénées, les *principes libéraux*, l'esprit de la Tolérance, et ce Code admirable de Législation, auquel se rattachent toutes les espérances, tous les grands souvenirs, tous les intérêts de l'Empire et de ses Alliés.

Il est, donc, vrai que l'Esprit militaire, qui présida à l'origine de toutes les Sociétés, dans les vues impénétrables de la Providence et dans la profonde sagesse de ses Conseils, a pu seul briser les entraves de l'Espagne, favoriser ces moyens heureux de Réformation qui la mettront incessamment de niveau avec les Pays les plus civilisés de l'Europe. --- Régénération, indépendance, bonheur Social, auxquels elle ne serait peut-être jamais parvenue, ou qu'elle n'eût pu autrement se flatter d'atteindre que par des chemins aussi longs que difficiles.

Récapitulation.

J'ai, donc, prouvé, soit, en général, du Genre humain, soit des relations particulières qui existent entre la France et l'Espagne, que l'Éternel *prend soin de ce qui regarde les Nations*.

J'ai prouvé que les luttes, où se rencontrent les peuples, les batailles et les combats, les victoires et les conquêtes, bien loin d'être l'action d'un Génie malfaisant, sont les moyens dont se sert la CAUSE INTELLIGENTE du Monde, pour accélérer la Civilisation.

Et, pour employer littéralement les paroles de mon texte, j'ai démontré que les GUERRES *sont des Jugemens de Dieu, qui se promènent sur la face de la Terre, pour enseigner la Justice aux Nations* qui s'en étaient écartées.

Je tire maintenant trois conséquences directes de cette importante vérité.

I.° Le Gouvernement Britannique, qui faisait profession d'être injuste, s'instruira par les Jugemens de Dieu; il apprendra la Justice.

II.° L'Espagne parviendra, ainsi, à ce degré de Civilisation qui la mettra de niveau avec les peuples les plus éclairés.

III.° L'Europe jouira, dès-lors, d'une constante paix, non-seulement de la paix politique et temporelle, mais de la PAIX DE DIEU, de la paix des Consciences et du vrai Christianisme.

Telle est la conclusion de ce Discours.

PÉRORAISON.

« SI nous voulions être justes avec vous », répondit un Ministre d'Angleterre à l'Ambassadeur de France, qui se plaignait à lui d'une violation du droit des gens, en pleine paix, « O Français, si, avec vous, nous » voulions être justes, nous n'aurions pas » six mois d'existence ». --- On ne peut s'inscrire en faux contre cet étrange aveu, arraché par le désespoir de trouver aucun prétexte plausible : tous les journaux contemporains en ont déjà consigné le souvenir.

1.re Conséquence.

L'Angleterre apprendra la Justice publique.

Que si, néanmoins, on voulait représenter comme individuelle cette opinion, énoncée par un homme public; certes! on ne saurait invalider la déclaration suivante, revêtue de tous les caractères d'authenticité; elle fut faite dans l'assemblée auguste des Pairs, et n'y trouva point de Contradicteurs! « Une » Nation ne saurait perdre son honneur », dit le Noble Membre, « parce qu'absolument » parlant elle n'en a point. L'idée morale, le » préjugé qu'on appelle de ce nom, ne re» garde queles particuliers. Le peuple, que » nous représentons dans cette Chambre, ne » connaît d'autre honneur que celui de ses » propres intérêts. »

Bientôt le Cabinet de Saint-James désavouera cette maxime horrible, que tout Anglais rougirait d'appliquer à ses actions, entant que simple particulier. Bientôt il apprendra que la vertu des peuples se compose des mêmes élémens que la vertu de l'homme privé ; qu'il ne peut y avoir deux morales, QUE L'HONNEUR EST UN, et que c'est la Justice qui élève les Empires.

Le Cabinet Britannique, en effet, qui, d'après sa propre Confession, a tout sacrifié, *jusqu'à son honneur*, aux intérêts mal-conçus du Commerce maritime ; qui, pour le faire pencher tout entier en sa faveur, pour mettre sous son joug tout ce qui habite le Globe, et tenir seul le Sceptre des mers, a constamment violé toutes les conventions sociales ; lui qui s'est cru permis tout ce qui le conduisait à son but, les combinaisons les plus désastreuses, les traités les plus fallacieux, le brigandage le plus déhonté et le plus perfide, le Cabinet de Saint-James est trop éclairé, pour se dissimuler davantage qu'il doit changer totalement de conduite et de système commercial ; que le sang humain qu'il a fait ruisseler en Europe, ne profite point à l'Angleterre ; qu'elle a beau grossir la liste effrayante de ses possessions d'outre-mer, que la Métropole ne peut que décroître à mesure que ses Colonies deviennent plus nombreuses.

Il ne peut ignorer plus long-tems, le Ministère Anglais, que la Paix continentale, la plus solide qui ait été faite, doit amener incessamment une générale pacification ; qu'il ne saurait impunément lutter sans auxiliaires, seul, et corps à corps, contre la France ; qu'il ne peut plus condamner les Peuples Européens à devenir spontanément ni ses Tributaires, ni ses Vassaux, à immoler leur repos et leur bonheur à la prospérité de la Grande-Bretagne.

Voyant, sur-tout, sa dernière tentative avorter, et l'Espagne détrompée reconnaître *l'identité des intérêts* qui l'unissent à la France, le Gouvernement de la superbe Albion, qui fut trop long-tems l'ennemi de tous les peuples, se mettra en harmonie avec toutes les puissances du Continent ; *il ne verra plus sa prospérité dans leur ruine*, comme le dit énergiquement un auteur, *et sa chûte prochaine dans leur prospérité ;* il sentira plutôt que sa dette nationale, telle qu'un cancer qu'il nourrit lui-même dans son sein, dévorera jusqu'à ses entrailles, s'il ne se hâte d'en arrêter les progrès, et de faire cesser cet ordre violent de choses trop disproportionné avec ses ressources.

Cette Nation si estimable, enfin, qui paraît désapprouver hautement les projets fougueux de ses Ministres : elle qui sait, que l'on ne peut commercer qu'avec des amis ; et, que ce n'est point en incendiant les Flottes, en bombardant les Ports de ses Alliés, en ravissant sur mer les propriétés des Négocians paisibles qui trafiquaient avec elle, que ce n'est point ainsi qu'elle ouvrira les débouchés du commerce que son Gouvernement a obstrués, qu'elle forcera le Continent à recevoir le luxe de son industrie et ses coûteuses importations ; la Nation Anglaise, dont les individus et les familles professent la probité, la délicatesse, la franchise et toutes les qualités sociales, se lassera de son isolement ; elle revendiquera, sous un rapport politique et COMME ÉTAT, les droits que lui donnent à la considération publique la Sagesse de ses mœurs, ses Vertus privées, et l'étendue de ses lumières.

L'Angleterre, en un mot, exigera de son Ministère, par l'organe de ses Représentans, le terme de cette lutte sanglante, dont les effets, diamétralement opposés au profit de son commece, n'auront abouti qu'à le ruiner; elle proposera à son tour, elle-même, et on lui offrira de nouveau la Paix, cette Paix désirée, qu'on avait cru bannie de l'Univers.

Alors, proclamant, avec nous, que le Commerce est la propriété de tous les peuples, que les Mers sont le domaine de toutes les Nations, l'Angleterre, aussi, bénira la Providence, qui, toujours bienveillante dans ses fins, s'est servie de cette crise violente pour opérer la plus heureuse régénération !

Alors, les hommes de toute secte et de tout parti, ceux-là même qui contredisaient le plus vivement la vérité que j'annonce, reconnaîtront, comme moi, que, *lorsque les Jugemens de Dieu, se promènent sur la Terre, ses habitans apprennent la Justice.*

2.e Conséquence.

L'Espagne parviendra au degré de civilisation dont elle est susceptible.

Il s'élève donc, enfin, l'Edifice protecteur sous lequel viendront s'abriter les Nations, et dont le bienfaisant Abbé de St. Pierre semblait avoir conçu le plan merveilleux dans son projet de la *Paix perpétuelle;* il s'achève dans Madrid l'Edifice Européen, auprès duquel le peuple Anglais, lui-même, s'empressera de se mettre à couvert contre les représailles tardives des Nations qu'il a long-tems foulées, et qui tenteraient à leur tour de l'opprimer.

Cet Edifice immense, auquel l'Empire Français sert de base inébranlable, et dont les colonnes et les appuis ne sont rien moins que tous les Etats-Fédérés du Continent, devait avoir l'Espagne pour faîte, et c'était à elle à en couronner le front majestueux.

Mais trop faible encore, trop peu éclairée, et trop vacillante pour répondre à une si glorieuse vocation, elle allait s'aider de l'impulsion favorable de la France, et en recevoir un Roi-Régénérateur, lorsque le Cabinet de Saint-James, jaloux de la gouverner et de l'asservir, l'a soulevée contre son amie et son Alliée naturelle; lorsqu'il a soufflé, de la Biscaie à l'Andalousie, et de la Méditerranée Espagnole à l'Océan Portugais, le feu de la Sédition.

Alors, aussi, avec la célérité de la pensée, le Charlemagne nouveau a paru, des montagnes de la Saxe et des villes d'outre-Rhin, sur les précipices des Pyrénées et dans les défilés de Guipuscoa : venir, voir, et vaincre, ainsi qu'autrefois pour Jules-César, ont été pour lui une action simultanée; l'Etoile de NA-

POLÉON s'est levée sur Madrid, et cette grande ville a été sauvée ! Le malheur et la pitié ont plaidé dans le cœur de ce Héros impassible, la cause des offenseurs ; il n'a plus entendu que la voix de la Clémence, il a pardonné.

Il a fait plus encore ; il a éternisé, dans le sein de ces peuples, un instant égarés, mais fidèles, intégres et généreux, les sentimens de la reconnaissance ; il s'est immédiatement occupé de leur bonheur ! il a appliqué à la réforme des abus criants, des injustices de tout genre, sous lesquels ils gémissaient, toute la force de sa volonté et de son génie. Il a ainsi préparé à la nation Espagnole les vrais moyens de reprendre sa première dignité, cette attitude fière, cette ténacité de constance et de valeur, qui la rendirent quelque tems digne de dicter des lois à une grande partie de l'Europe : il l'a affranchie des droits féodaux, qui l'humiliaient ; il lui a fait ressaisir la puissance et les propriétés, usurpées sur elle par les ordres Monastiques et les Seigneurs, qui possédaient à eux seuls la presque totalité des terres de cette féconde péninsule.

Espérons

Espérons, que, baignée qu'elle est de l'une et de l'autre mer, offrant de toutes parts de superbes ports et des rades sures, semée de magnifiques cités, coupée en tout sens par de larges fleuves, que la bienveillance éclairée de JOSEPH-NAPOLÉON rendra bientôt navigables, l'Espagne refleurira sous un régime nouveau : espérons, que, les terres y étant mieux réparties, et les arts mieux entendus, elle verra bientôt l'Agriculture, l'Industrie et le Commerce redoubler leur concurrence par l'admission des étrangers qui apporteront chez elle leurs richesses, leurs lumières et leurs talens : espérons qu'à leur exemple, ses habitans, rendus à leur ancienne activité, et à l'espérance, deviendront eux-mêmes industrieux, commerçans, agricoles infatigables ; qu'ils cultiveront, à l'envi, sur leur riche sol, tous les arts de la paix ; qu'ils verront ainsi la population de leur patrie s'accroître, surpasser progressivement celle de tant d'autres pays moins fertiles, moins bien-situés, et infiniment mois étendus, auxquels l'Espagne a droit de porter envie.

Puisse-t-elle accélérer ces événemens fortunés par la plus unanime, la plus prompte

4

et la plus sincère adhésion aux mesures heureuses du sage Monarque que lui a envoyé la Providence ! Puisse l'Espagne travailler avec succès à sa régénération ! il n'est pas un cœur français qui ne s'en réjouisse avec elle ; qui ne sente redoubler, dès-lors, son amour, sa gratitude et son admiration pour son Souverain magnanime qui, au prix de son repos, des fatigues et des hasards de la guerre, sera devenu, par sa généreuse intervention, l'organe de tant de félicité.

Il n'est pas, sur-tout, un homme honnête, doué d'un esprit judicieux, d'une ame sensible, qui, considérant la rapide influence que les évènemens guerriers et les faits-d'armes, célébrés dans ce jour solemnel, ont eue sur l'Espagne, sous un rapport religieux et moral, ne bénisse avec moi la Providence qui nous donne ainsi la paix, non-seulement la paix politique et temporelle, mais la Paix de Dieu, la paix des Consciences et du vrai Christianisme ; et qui ne s'écrie dans les paroles de l'auteur sacré, à la vue des *Jugemens du Ciel*, qui se promènent sur la face de la Terre : *O Éternel ! c'est ainsi que tu nous procureras la paix, car tu prends soin de ce qui nous regarde !*

3.e CONSÉQUENCE.

Nous avons vu, M. C. A., que la Superstition et le Fanatisme ont accumulé longtems, sur l'Espagne, tous les genres de calamités; et que c'est par le Tribunal de l'Inquisition que s'est établi leur odieux empire, dont les résultats directs étaient l'intimidation, l'ignorance, l'inertie, la compression de toute liberté civile et religieuse.

L'Autorité Militaire a détruit l'Inquisition; et le Christianisme n'aura plus ni détracteurs, ni limites.

Dans cet état de choses désespéré, rien qu'une crise étrangère, rien qu'un coup véhément d'autorité ne pouvait opérer soudain la chûte de ce Tribunal horrible, si redouté encore de nos jours; et ce n'est pas le moindre service qu'ait rendu à l'humanité la *Science militaire*.

Je crois donc avoir acquis le droit évident de tirer, de cet évènement fortuné, cette grande conséquence : qu'indépendamment des rapports politiques entre les Nations, la VERTU GUERRIÈRE conduit à la restauration de l'ordre social, au perfectionnement de la nature morale, et du vrai Christianisme, qui n'est autre que la raison mise par écrit.

En effet, l'homme est essentiellement religieux, il ne peut rompre impunément les immortelles relations qui l'unissent au Principe de sa vie. Et s'il est vrai que rien n'est plus opposé au bien public, au système libéral de l'Évangile, que le Fanatisme et la Superstition; s'il est vrai que la plus absurde, la plus insupportable des dominations est celle de l'ignorance; il l'est aussi que les sentimens religieux sont nécessaires à l'existence et à la prospérité des Etats; il l'est aussi qu'il n'est point de société sans morale, et qu'il n'est point de mœurs sans Religion.

Combien, donc, ils sont coupables ceux qui l'ont indignement travestie! Combien ils sont criminels ceux qui, persécutant leurs semblables en son nom, l'ont fait regarder comme contraire à l'humanité! ce sont eux qui ont détrôné l'Être Suprême, et couronné l'Anarchie! Ce sont eux qui ont fait dire à l'homme irréfléchi : *il n'y a point de Dieu!* Cet homme misérable, effrayé des ravages affreux de la Superstition, est descendu au dernier degré du Scepticisme, pour éviter un autre extrême plus dangereux et non moins déraisonnable; et l'on peut dire avec vérité, que, sans le Fanatisme et sans la Superstition, il n'y eût jamais eu d'incrédules.

Et comment pourrait-on haïr la Religion? Elle est si aimable, quand elle se montre sous ses véritables traits qui sont l'indulgence, la sagesse, et la vertu! Elle est si irrésistible l'impression que fait sur nos cœurs la beauté morale, qu'il suffit de la voir pour en être épris : le monde entier viendrait se prosterner devant elle, si on la laissait briller dans tout son éclat!

Permettez-moi, pour vous en convaincre, d'esquisser à vos yeux le portrait de la Religion, en contraste avec celui de la Superstition, sa rivale.

Ici, voyez le bel assemblage de toutes les vertus, de toutes les graces de l'innocence, et de tous les charmes de l'esprit; ce feu brillant du génie et des caractères supérieurs, tempéré par la douceur et la bienveillance. Contemplez le ravissant spectacle des mœurs de l'âge d'or, ce peuple de frères, cette admirable réunion d'hommes vertueux qui n'avaient plus *qu'un cœur* et *qu'une ame*. Quelle invincible constance dans l'adversité! quelle attitude imposante et calme au milieu des supplices inouis, où les suppôts inexorables du Paganisme les faisaient mourir! quelle sublime émulation du martyre! Elle persuadait l'immortalité! elle s'allumait par l'extinction de la vie! elle convertissait à la Vérité ceux-là même qui désiraient l'étouffer!

Voilà le tableau fidelle du Christianisme! les voilà les attraits puissans qui *contraignirent* les peuples *d'entrer* dans l'Eglise du Réparateur divin! et, je dois rendre cet hommage à l'Eglise Gallicane, voilà les maximes de Charité qu'elle a retracées dans les jours d'affliction!

Se soumettre aux lois de la Puissance supérieure, souffrir patiemment ce que Dieu permet, plaindre les coupables et leur pardonner, panser les plaies de l'humanité souffrante; voilà, M. C. A., voilà le sceau de la Divinité, ineffaçablement empreint sur le VRAI CHRISTIANISME! --- Et c'est à l'aspect de ces touchantes vertus, de cette morale céleste, que tous les hommes admirent, que vous devez attribuer le retour sincère aux principes religieux et au culte de nos Pères, dont le siècle précédent s'était écarté.

Là, voyez la source empoisonnée de cette infidélité déplorable; jettez un regard sur ce hideux tableau, c'est celui du Fanatisme, c'est le tableau de L'INQUISITION! cette institution payenne et persécutrice, qui usurpa le langage de la Religion, qui couvrit son impiété d'un masque hypocrite, pour faire mourir l'Evangile dans les cœurs, et règner sur les Consciences.

Et que n'osèrent point les Inquisiteurs pour atteindre cet exécrable et tyrannique but! Ils interprétèrent faussement la Loi Sacrée; et, tordant, contre toute critique et toute raison, le sens figuré de ce passage: « *Contrains-les d'entrer* », expressions symboliques et tirées de l'image d'un banquet, auquel le maître hospitalier de la fête invite de malheureux étrangers, pour leur faire partager le bonheur de la famille, les Inquisiteurs s'en firent un système inhumain d'oppression.

Ils s'étaient, sur-tout, prescrit le prétendu et horrible devoir de convertir les Maures par la torture; de tourmenter par le fer et par le feu les faibles et ignorans Indiens, comme des Infidelles condamnés par la nature à souffrir impunément; comme une race d'Impies qui, par leurs erreurs et leur aveuglement, méritaient tous les maux dont ils seraient accablés; comme les ennemis du Ciel qui demandait vengeance, et auquel on était sûr de plaire en les exterminant!

Mais, comment des êtres raisonnables eussent-ils été convertis à une doctrine de charité, qu'on leur prêchait par les persécutions les plus atroces? Comment, pleins d'un aveugle mépris et d'une haine implacable pour cette religion de paix, que l'on voulait établir par le crime, et que l'on avait si affreusement défigurée aux yeux des Maures et des Indiens, qu'ils ne purent que la méconnaître, comment n'eussent-ils point répondu, même sur les flammes des bûchers, comme le Cacique: « Je ne veux point du » Paradis de l'Inquisition : le Ciel du Dieu » que j'adore, est celui de l'innocence; c'est » au séjour du bonheur et de l'amour fra- » ternel, c'est dans le sein du tendre Père » des hommes que mon Esprit immortel ira » se réfugier? »

Craignez l'Eternel et lui donnez gloire, car l'heure de son Jugement et venue. On ne verra plus se renouveller, sur la Terre, les effrayans malheurs, les crimes incalculables qui ont été produits par la Superstition. L'Inquisition est tombée! elle est tombée celle qui se désaltérait de pleurs et de sang, et qui se repaissait de victimes humaines!

Dieu de bonté, que n'ai-je perdu ces lugubres souvenirs! et pourquoi faut-il que je ne puisse raconter aujourd'hui tes Miséricordes, sans me retracer toute l'horreur des maux dont tu nous as délivrés? — Je crois encore les voir ces bûchers sacrilèges, où la vertu sans défense expira dans les tourmens..... Je les vois ces antres de ténèbres, où gémirent tant de milliers d'hommes justes.... Je crois encore entendre leurs cris..... Le fer de leurs chaînes entrait dans leur ame,..... et ils n'avaient point de consolateur! point de consolateur que leur conscience, point d'espoir et d'asyle que le Ciel!

Ils ont reçu le prix de leur généreux martyre; le Ciel s'est ouvert pour les recevoir. --- Et le tonnerre, long-tems suspendu sur les persécuteurs barbares de l'innocence, vient d'ébranler les voûtes du Firmament; les carreaux de la foudre vengeresse ont éclaté sur l'Impie, --- et l'Inquisition n'est plus!

Une voix de triomphe a retenti dans les airs : *Craignez Dieu, et lui donnez gloire, car l'heure de son jugement est venue, celle qui tourmentait, ne tourmente plus. Elle est tombée la grande Babylone, et sa ruine a été grande*; *et son nom ne se trouvera plus sous les Cieux!*

Un grand acte de justice a été accompli, pour rendre à jamais le bonheur au monde, et justifier les voies de la Providence! --- Il a été abattu cet arbre vénéneux qui attristait les Nations de son ombre mortifère. --- Il avait élevé sa cime orgueilleuse jusqu'au Ciel; tandis que, du jet de ses racines infectes, il atteignait les sombres abymes; et qu'il en aspirait le principe de mort, qu'il exhalait sur les malheureux humains. --- De son branchage incendiaire distillaient le souffre et le bitume, et aucun homme vivant ne pouvait exister sous son abri. --- Mais la coignée a été mise à la racine de cet arbre funeste; et il est tombé!

A l'heure de sa chûte, les reptiles meurtriers qui pressaient de leurs tortueux replis sa tige empoisonnée, ont fait entendre d'affreux sifflemens; et les Puissances ténébreuses, qui végétaient encore sous son impur feuillage, se sont lamentées; tandis qu'un tressaillement de joie, que ces accens d'allégresse remplissaient les Temples saints : « *Craignez Dieu, et lui donnez gloire, car* » *l'heure de son jugement est venue. Celle* » *qui tourmentait, ne tourmente plus;* L'INQUISITION EST TOMBÉE, *et son nom ne se* » *trouvera plus sous les Cieux.* »

CONCLUSION.

CEPENDANT, et vous avez pu le reconnaître, M. C. A., cette restauration inespérée de l'ordre moral et religieux n'était nullement vraisemblable dans le cours ordinaire des choses; et il ne fallait pas moins que les coups de L'HERCULE FRANÇAIS, pour extirper à-la-fois les têtes sans cesse renaissantes de l'Hydre du Fanatisme. --- Il ne fallait pas moins que les faits-d'armes que nous célébrons, pour voir luire sur la Religion un jour sans nuage; et pour détruire cet esprit persécuteur, ces pratiques inhumaines qui avaient fait renier le Dieu des Chrétiens, et évanouir les beaux siècles de l'Eglise.

Cette importante considération, jointe à toutes celles que j'ai exposées dans ce Discours, appuyée sur des preuves générales et sur les conséquences que j'en tire, offre la démonstration complète de la vérité que je voulais établir ; elle achève aussi le développement des paroles de mon texte : *O Dieu ! tu nous donneras la paix, car tu prends soin de ce qui nous regarde ; et, lorsque tes jugemens se promènent sur la terre, ses habitans apprennent la Justice.*

Enumération des preuves.

S'il est constant, en effet, que les premières Sociétés, dès leur origine, n'ont pu maintenir leur territoire et leurs droits contre les aggressions de l'homme sauvage, qu'en s'exerçant aux combats ; qu'en se tenant dans une attitude de défense, de protection armée, qui a mis un terme aux querelles d'extermination, et à la férocité de l'état de nature.

S'il est de fait que, sans les victoires de Josué, élu nommément par la Sagesse divine, pour conquérir *la Terre de promission*, les vérités salutaires n'auraient point été transmises au monde, et que le vrai Dieu serait encore inconnu.

S'il est incontestable que les Fondateurs des grandes Monarchies ont rapproché des Nations qui ne se connaissaient point; qu'ils ont favorisé le commerce, universalisé les vertus, introduit successivement les études philosophiques, morales, et religieuses.

Si, c'est, encore, à l'obligation sacrée de défendre ses concitoyens, de mourir pour sa Patrie, que nous devons ces traits innombrables de dévouement, de bravoure et de générosité, qui caractérisent la VERTU GUERRIÈRE et qui honorent le genre humain.

Si, d'ailleurs, il est facile de se convaincre que cette guerre de plus de quatre cents ans, occasionnée par l'aliénation des provinces Françaises que l'infidelle et vindicative *Eléonor de Guyenne* transporta à l'Angleterre, a non-seulement détruit chez nous jusqu'aux traces de cette barbare et dangereuse féodalité; mais que cette longue rivalité des deux peuples a, encore, procuré la découverte de bien des régions inconnues, conquises aux bienfaits de la Religion et de l'ordre social sur l'état malheureux de nature et d'ignorance.

S'il arrive, enfin, tôt ou tard, que les meilleures Constitutions dépérissent, qu'elles s'usent de vestusté; qu'elles deviennent discordantes avec les besoins actuels des peuples, contraires à leurs véritables intérêts : ou si des Institutions, mauvaises dès leur principe, telles que le Régime féodal et l'Inquisition, sont étayées d'un côté par l'habitude et par l'ignorance, de l'autre par les passions et par l'Autorité ; et que rien que l'intervention armée, rien que l'ascendant d'un vainqueur magnanime et éclairé, ne puissent opérer une réformation salutaire, sauver une Nation prête à tomber de caducité, et lui redonner l'impulsion sociale.

Ne faut-il pas conclure directement de CETTE DERNIÈRE OBSERVATION, ainsi que DES PRÉCÉDENTES, que le système militaire et guerrier entre dans les vues secrettes de la Providence, pour conduire les Sociétés à leur destination ; pour rapprocher, instruire, civiliser par degrés les habitans des deux Hémisphères, qui doivent être tous, enfin, réunis par UNE COMMUNE LOI, par les liens d'un commerce réciproque, et l'adoration du même Dieu ?

Admirons la politique profonde du Monarque, qui, regardant la justice et la vertu comme les meilleures barrières d'un État, ne s'est point borné à repousser l'ennemi de ses frontières; mais qui, au milieu du tumulte des camps, s'est occupé à rendre la Religion vénérable, à retrancher les abus scandaleux qui la déshonoraient. — Transcrivons ce trait de sagesse et de piété dans les régistres immortels de la reconnaissance; et répondons, par le dévouement le plus empressé, à tous les sacrifices, que fait pour le bien public le GRAND NAPOLÉON.

Gardons-nous, sur-tout, d'imiter les Contempteurs de l'Être Suprême. — Gardons-nous de répéter les murmures indiscrets qu'ils font entendre contre la vertu guerrière, contre cet esprit héroïque et martial, dont se sert la Cause Intelligente du monde, pour hâter la Civilisation, pour perfectionner les générations humaines, et pour embellir les mœurs.

Voudrions-nous exciter le Très-Haut à jalousie? sommes-nous plus forts que lui? qui s'est opposé au Souverain Tout-Puissant des peuples, et s'en est bien trouvé? — Forceront-ils ma force? a dit l'Éternel; m'opposeront-

ils des épines, afin de les combattre? je marcherai sur elles; et je les consumerai. Qu'ils fassent la paix avec moi, s'ils veulent prolonger leurs jours sur la Terre; qu'ils fassent la paix avec moi.

Ah! plutôt, plutôt, attachons-nous au Dieu des siècles, avec une entière confiance, et laissons-lui le soin de nos destinées. Il ne peut nous venir de lui, du tendre Père des hommes, que de véritables biens; il est la source unique de la félicité et de la gloire; il peut et veut faire pour nous infiniment au-delà de nos pensées et de nos désirs.

Adorons ce Grand Être qui a sû réprimer la fureur insensée de ceux qui osaient faire tête à son Empire; jettons les palmes de nos victoires à ses pieds; et écrions-nous sans cesse : *Saint, Saint, Saint est l'Éternel, le Dieu des armées; tout ce qui est dans les Cieux, tout ce qui est sur la Terre, est sa gloire!*

AINSI SOIT-IL.

www.ingramcontent.com/pod-product-compliance
Lightning Source LLC
LaVergne TN
LVHW021721080426
835510LV00010B/1076

* 9 7 8 2 0 1 9 2 1 1 3 4 9 *